Hacer conexiones:
el texto y yo / el texto y otros textos / el texto y el mundo

Frases claves para **hacer conexiones**:

_____ me hace pensar en algo que me pasó. Lo que me pasó fue _____.

_____ me recuerda algo que leí. Lo que leí fue _____.

_____ me hace pensar en algo que sé. Lo que sé es que _____.

Haces conexiones al leer cuando algo en esa lectura te hace pensar en una cosa parecida. Puede ser algo que **viviste**, otra cosa que **leíste** o algo que **sabes** del mundo que te rodea.

Ayuda a tu comunidad

¿Qué es ser un buen ciudadano?

Un ciudadano es una persona que vive en un pueblo, ciudad o país. Los buenos ciudadanos ayudan en su casa, en la escuela y en las áreas de juegos.

Un buen ciudadano ayuda a otros.

Un buen ciudadano es un buen **vecino**.

Un buen ciudadano trabaja con otras personas.

Un buen ciudadano ayuda a que su **comunidad** esté limpia y sea segura.

Los buenos ciudadanos en casa

Los buenos ciudadanos ayudan a los demás en casa.

Los buenos ciudadanos lavan los platos y limpian el piso. También recogen su ropa y ordenan su habitación.

Los buenos ciudadanos no dejan basura en el piso. En su casa, recogen la basura y la ponen en los botes de basura.

SABELOTODO

Los productos de papel son cosas hechas de papel. Por ejemplo, hay vasos de papel y servilletas de papel.

Los buenos ciudadanos reciclan en casa. Ponen el papel en los contenedores de reciclaje. Ese papel se usa para fabricar nuevos productos de papel.

Los buenos ciudadanos comparten la comida con su familia. Comparten la comida con amigos y vecinos. También comparten juguetes, juegos y libros.

Estudios Sociales

el reciclaje

¡Recicla!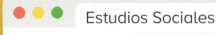

Una familia saca su basura. La basura va a un lugar llamado **vertedero**.

¡Hay mucha basura en un vertedero!

vertedero

Los buenos ciudadanos en la **escuela**

Los buenos ciudadanos ayudan a los demás en la escuela. Los estudiantes son buenos ciudadanos. Ayudan a sus maestros a limpiar la escuela.

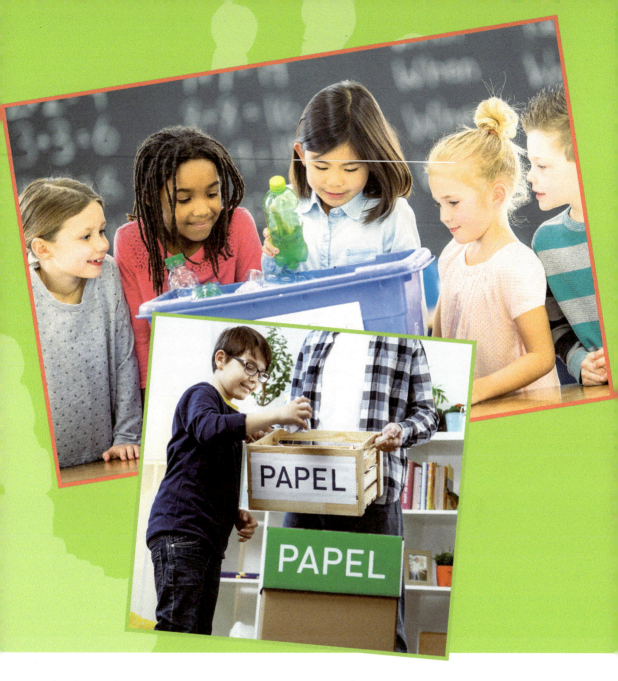

Los buenos ciudadanos recogen la basura en la escuela. Los buenos ciudadanos no dejan basura sobre las mesas. Ponen la basura en botes de basura. Ayudan a mantener limpia la cafetería.

botellas plásticas

Las escuelas reciclan parte de la basura de sus cafeterías. Los estudiantes colocan las botellas plásticas y otros desechos en contenedores de reciclaje. El plástico va a un lugar donde se vuelve a usar.

SABELOTODO

Los buenos ciudadanos comparten las computadoras. Usan las computadoras para aprender a ayudar a otras personas.

En la escuela, los buenos ciudadanos comparten útiles y libros. También ayudan a sus compañeros a aprender.

Los buenos ciudadanos hacen huertos

En algunas escuelas, los estudiantes hacen **huertos**.

En ellos se cultivan flores y verduras.

Los estudiantes trabajan juntos para ayudar a que las plantas crezcan. Comparten las flores y verduras con otras personas.

huerto

verduras

flores

De los huertos podemos recoger alimentos. En un huerto, los estudiantes aprenden a trabajar juntos.

¡Los buenos ciudadanos pueden hacer huertos!

Los buenos ciudadanos en las áreas de juegos

Los buenos ciudadanos también ayudan a los demás en el área de juegos. Los buenos ciudadanos mantienen limpias las áreas de juegos. También ayudan a los demás a divertirse.

En las áreas de juegos, los buenos ciudadanos recogen la basura y la ponen en los botes de basura. Eso ayuda a que el área de juegos esté segura y limpia.

Los buenos ciudadanos también reciclan la basura en las áreas de juegos. En muchas hay contenedores de reciclaje. Los buenos ciudadanos ponen las latas de metal y las botellas de plástico en los contenedores.

Los buenos ciudadanos comparten los juegos y aparatos en las áreas de juegos. Los buenos ciudadanos juegan con todos. Se ayudan entre todos a divertirse y mantenerse a salvo.

Estudios Sociales

el reciclaje en áreas de juegos

El reciclaje en *áreas de juegos*

A veces se reciclan cosas para hacer áreas de juegos. Por ejemplo, se reciclan **neumáticos**.

neumático

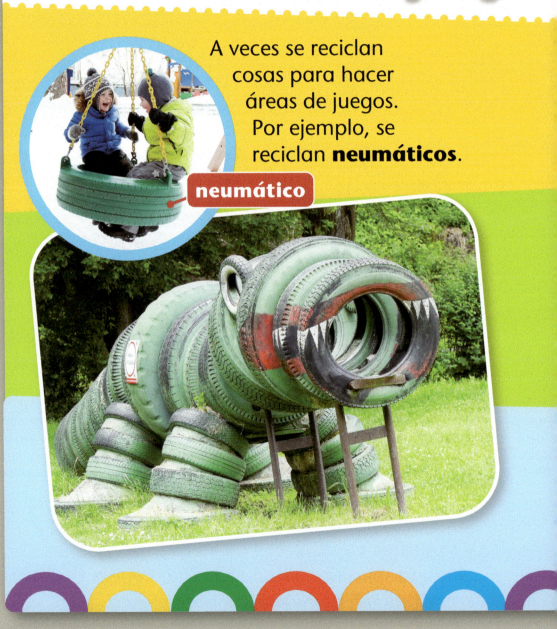

Los neumáticos se pueden usar para hacer aparatos y esculturas simpáticas. ¡Los niños se divierten jugando en los neumáticos viejos!

Somos **buenos ciudadanos**

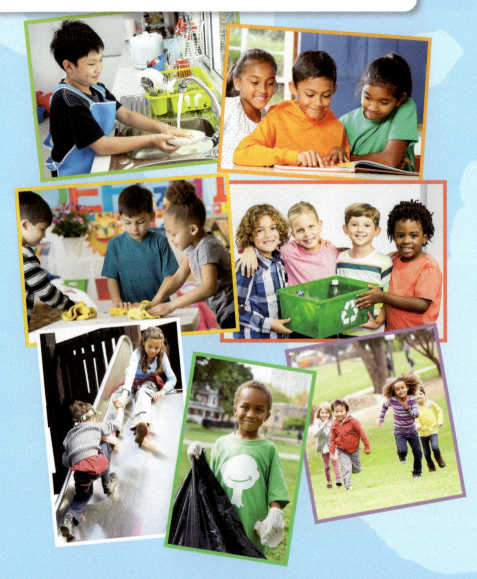

Los buenos ciudadanos ayudan a los demás en el hogar, la escuela y el área de juegos. Las familias están compuestas de buenos ciudadanos. Los estudiantes son buenos ciudadanos. Los amigos son buenos ciudadanos.

Hay buenos ciudadanos en todas partes del mundo.

¿Quiénes son buenos ciudadanos?

¡Nosotros somos buenos ciudadanos!

centro de reciclaje lugar donde se recicla basura

comunidad personas que viven juntas en un mismo lugar

fábrica de papel lugar donde se hace papel usando otros materiales

huerto lugar donde se cultivan plantas

neumático la parte de goma de color negro que cubre las ruedas de los autos

vecinos personas que viven muy cerca

vertedero lugar donde se tira basura

Every effort has been made to trace the copyright holders of the works published herein. If proper copyright acknowledgment has not been made, please contact the publisher and we will correct the information in future printings.

Photography and Art Credits

All images © by Vista Higher Learning unless otherwise noted.

Cover: (tl) Kdonmuang/Shutterstock; (tr) Darrin Henry/123RF; (ml) Ariel Skelley/Getty Images; (mr) Wavebreakmedia/Shutterstock; (bl) Juriah Mosin/Shutterstock; (bm) LWA/Dann Tardif/Getty Images; (br) Monkey Business Images/Shutterstock; (background) Lubenica/Shutterstock; Master Art: Lubenica/Shutterstock. **4:** (t) SDI Productions/Getty Images; (b) Courtney Hale/Getty Images; **6:** (t) Narisara Nami/Getty Images; (bl) Kdonmuang/Shutterstock; (br) Mint Images/Getty Images; **7:** Gelpi/Shutterstock; **8:** (t) Dev Carr/Getty Images; (b) Elena Schweitzer/Shutterstock; **9:** (t) Monkey Business Images/Shutterstock; (b) Jose Luis Pelaez Inc/Getty Images; **10:** (t) Don Mason/Getty Images; (b) Vchal/Shutterstock; **12:** (t) Tim Platt/Getty Images; (b) Ariel Skelley/Getty Images; **13:** (t) FatCamera/Getty Images; (b) Dmytro Zinkevych/Alamy; **14:** (t) Wavebreakmedia/Shutterstock; (b) Jozef Polc/123RF; **15:** (t) Darrin Henry/123RF; (m) Alvarez/Getty Images; (b) Abugrafia/Shutterstock; **16:** (t) Ecco/Shutterstock; (b) SDI Productions/Getty Images; (inset) Narikan/Shutterstock; **17:** (t) Jose Luis Pelaez Inc/Getty Images; (b) Adam Hester/Getty images; (inset) SDI Productions/Getty Images; **18:** (tl) Juriah Mosin/Shutterstock; (tr) LWA/Dann Tardif/Getty Images; (b) Andy Sacks/Getty Images; **19:** (t) Hedgehog94/Shutterstock; (b) Maria Sbytova/Shutterstock; **20:** (t) Jacobs Stock Photography Ltd/Getty Images; (b) Sunsetman/Shutterstock; **21:** (t) Monkey Business Images/Shutterstock; (b) SolStock/Getty Images; **22:** (t) Mamaza/Shutterstock; (b) Malota/Shutterstock; **23:** (t) Coltty/Shutterstock; (bl) Nitinut380/Shutterstock; (br) Xpixel/Shutterstock; **24:** (tl) Kdonmuang/Shutterstock; (tr) Darrin Henry/123RF; (ml) Ariel Skelley/Getty Images; (mr) Wavebreakmedia/Shutterstock; (bl) Juriah Mosin/Shutterstock; (bm) LWA/Dann Tardif/Getty Images; (br) Monkey Business Images/Shutterstock; **25:** (t) Santima Suksawat/Alamy; (b) Rawpixel/Shutterstock; **26:** (bl) SDI Productions/Getty Images; (tr) Nitinut380/Shutterstock; (br) Vchal/Shutterstock.

© 2025, Vista Higher Learning, Inc.
500 Boylston Street, 10th Floor
Boston, MA 02116-3736
www.vistahigherlearning.com
www.loqueleo.com/us

Dirección Creativa: José A. Blanco
Vicedirector Ejecutivo y Gerente General, K–12: Vincent Grosso
Editora Ejecutiva: Julie McCool
Desarrollo Editorial: Salwa Lacayo, Lisset López, Isabel C. Mendoza
Diseño: Radoslav Mateev, Gabriel Noreña, Andrés Vanegas, Manuela Zapata
Coordinación del proyecto: Karys Acosta, Andrea Cubides, Tiffany Kayes
Derechos: Jorgensen Fernandez, Annie Pickert Fuller, Kristine Janssens
Producción: Thomas Casallas, Oscar Díez, Sebastián Díez, Andrés Escobar, Adriana Jaramillo, Daniel Lopera, Daniela Peláez, Daniel Tobón

Ayuda a tu comunidad
ISBN: 978-1-66993-993-1

Todos los derechos reservados. Esta publicación no puede ser reproducida, ni en todo ni en parte, ni registrada en o transmitida por un sistema de recuperación de información, en ninguna forma ni por ningún medio, sea mecánico, fotoquímico, electrónico, magnético, electroóptico, por fotocopia o cualquier otro, sin el permiso previo, por escrito, de la editorial.

Published in the United States of America

1 2 3 4 5 6 7 8 9 GP 30 29 28 27 26 25